LE NÉGOCIANT *CITOYEN*,

OU

Essai dans la Recherche des Moyens d'augmenter les lumieres de la Nation sur le Commerce & l'Agriculture.

Varium cœli prædiscere morem
Cura sit, ac patrios cultusque habitusque locorum,
Et quid quæque ferat regio, quid quæque recuset.
Virg. Georg. Lib. I.

Par M. C. C. A.

A AMSTERDAM,
Et se trouve à Paris
Chez DUCHESNE, Libraire, rue Saint Jacques, au-dessous de la Fontaine S. Benoît, au Temple du Goût.

M. DCC. LXIV.

AVANT-PROPOS.

SI la guerre eſt un mal pour l'Etat, ſa tranquillité & ſa proſpérité un bien, nous devons changer de ſiſtême, rendre active la profeſſion du Laboureur & du Négociant, laquelle peut produire ce bien ; mais retenir (autant qu'il dépendra de nous) dans la condition paſſive celle du Militaire, d'autant que celui-ci ne peut agir, même dans les néceſſités les plus urgentes, ſans faire à la Patrie des plaies qui ſaignent longtems. Qu'il ne paroiſſe ſur la frontiere que comme une fortereſſe redoutable qui en impoſe à nos voiſins inquiets & jaloux de notre repos & de notre bonheur ; mais excitons, mettons en action le Négociant & le Laboureur ; qu'ils ſoient les moteurs & les artiſans de cette proſpérité que le Militaire ne peut faire naître, mais ſeulement défendre & empêcher qu'on nous raviſſe.

Dans un Royaume bien gouverné, il faut de l'action au-dedans ; il en faut au-dehors. Le Laboureur & l'Artiste encouragés, protégés, répandront la vie dans l'intérieur. Le Négociant enverra au loin leur superflu ; il fera venir des régions éloignées de quoi substanter l'Etat & lui donner de nouvelles forces. La profession de l'Artiste & du Laboureur, comme celle du Négociant, étant seules essentiellement actives, exigent donc qu'on leur donne tout le ressort imaginable pour qu'elles puissent agir avec vigueur & le plus grand avantage qu'il est possible. On ne fait qu'indiquer dans cet Essai une voie pour parvenir à ce but : c'est la simple ébauche d'un plan qui, mûrement examiné & perfectionné, seroit des plus utiles, & dont l'exécution nous enrichiroit de connoissances d'autant plus précieuses, qu'elles sont le principe de la prospérité des peuples.

Ce ne sont pas nos opinions nationales qu'il faut mettre aux prises les unes avec les autres ; elles ſont trop analogues pour que la vérité ſorte de leur choc. Toutes nos ſpéculations, tous nos raiſonnements nationaux ne nous conduiront jamais à de grandes & utiles découvertes. Sortons du Royaume ; allons faire aſſaut de lumieres & de préjugés avec les autres Nations : c'eſt-là que nos idées, en ſe heurtant contre d'autres fort oppoſées, en enfanteront, par leur contraſte, de nouvelles qui groſſiront la maſſe de nos connoiſſances. Plus le peuple chez qui nous irons puiſer l'inſtruction, habitera un climat éloigné, plus ſes mœurs differeront des nôtres ; plus auſſi nos eſprits ſeront féconds, plus ils s'éleveront & prendront l'eſſort. On s'éclaire peu de concitoyen à concitoyen, davantage de Nation à Nation voiſines, mais beaucoup de Peuple à Peuple ſéparés par un large continent ou de vaſtes mers. Qui doute que le peu de fréquentation que nous avons avec les Chinois, n'ajoûte à nos lumieres, & que ſi nous pouvions les pratiquer librement ainſi que les habitants du Japon ; nous ne recueillions de ce commerce une infinité d'idées & de connoiſſances nouvelles. La Nature n'a pas accordé à une même Nation toutes les idées ; elle en a diſtribué à chacune ſa part ; c'eſt avec épargne qu'elle en tire de nouvelles de ſon thréſor , & ſeulement lorſqu'elle veut produire les variétés qu'elle répand ſur la terre. Elle en uſe pour la formation des idées , comme pour la configuration du corps , du viſage ou pour la couleur des enfans qui naiſſent du mélange des différents peuples. Les variétés à cet égard peuvent aller à l'infini.

Les Nations qui ont eu des relations ou des démêlés avec quantité de peuples , ont été fort éclairées ; on en a pour exemple les Phéniciens , les Grecs & les Romains. Celles au contraire qui ſe ſont peu communiquées , n'ont eu qu'un génie borné ; nous voyons de nos jours les Chinois & les Turcs ignorer ou laiſſer imparfaits les Arts les plus utiles.

La renaissance des Lettres en Europe n'est pas dûe uniquement aux Arts & aux Sciences échappés aux dévastations des Tartares & refugiés de la Grece en Italie. L'Europe en est redevable principalement à la découverte du Nouveau Monde. Nous possedons plusieurs Arts, la gloire de l'esprit humain, que nous ne tenons ni des Grecs ni des Romains. La grandeur & la hardiesse des entreprises des Navigateurs du XVme. siecle étendit, éleva le génie des peuples, & leur fraya la route des Sciences les plus hautes.

Si les vues qu'on propose dans cet Essai avoient leur exécution, il se formeroit dans une profession qui mérite toute la protection du Gouvernement, une pepiniere d'hommes également éclairés & utiles. Ceux qui auroient vieilli dans ces emplois, viendroient servir la Patrie par leurs lumieres & leurs expériences dans les Chambres de Commerce du Royaume, dont les places leur seroient acquises par droit de vétérance, de même que celles d'Associés aux Bureaux d'Agriculture ; on les revêtiroit aussi des emplois qui y ont du rapport. Les Intendants du Commerce se les attacheroient en les employant dans leurs Bureaux. Quel bien ne résulteroit-il pas pour le Commerce & l'Agriculture, si les Ministres pouvoient à tout moment consulter des hommes consommés dans cette partie, qui connoitroient à fond non-seulement jusqu'à la branche la moins importante de notre Commerce, mais encore toutes celles des autres Nations ?

LE NÉGOCIANT *CITOYEN.*

SOIT qu'un Peuple se fût rendu célèbre par une bonne police, par la discipline dans la guerre, ou par le Commerce, sa prospérité proceda toujours de la bonté de ses Loix & de sa fidélité à les observer. Il ne faut qu'ouvrir l'Histoire pour appercevoir les causes qui ont élevé certaines Nations, & leur ont fait jouer un rôle éminent sur la terre. La vertu jetta les fondemens des Empires, elle leur fit présent de sages Loix qui concoururent à leur agrandissement, même après la corruption des mœurs. Les fruits de la vertu se conserverent, l'arbre ayant péri, faute de culture.

Les Nations d'Europe nous présentent aujourd'hui un spectacle très-ressemblant à l'Histoire. On les voit prosperer & s'élever à proportion de la sagesse de leurs reglemens & de l'attention qu'elles apportent à les suivre. Si les vertus de ce siecle n'ont pas l'enthousiasme & la grandeur des vertus Grecques ou Romaines pour élever en peu de tems une Nation, & la faire dominer sur les autres, toujours est-il vrai que leur influence, plus ou moins grande dans le gouvernement d'un Etat, le rend supérieur ou inférieur aux Etats voisins.

Dans le système actuel de l'Europe, les Souverains, forcés de renoncer à toute idée de conquête, ne pouvant qu'à la longue agrandir leurs Etats par des successions, qui souvent même leur sont disputées par la jalousie des autres Princes, ont songé à étendre leur domination & leur Commerce dans les autres parties du Monde. L'Agriculture, augmentant la population & les objets de Commerce, a dû nécessairement entrer dans leur plan : aussi les Nations les plus habiles n'ont-elles jamais séparé le Commerce, de l'Agriculture qu'elles ont cru également digne de leur attention & de leurs soins.

D'un côté, la puissance de l'Angleterre, qu'elle

doit à ses admirables principes sur le Commerce & l'Agriculture ; de l'autre, la réputation que les troupes Prussiennes se sont acquise par leur discipline, semblent avoir répandu l'esprit d'émulation dans les autres Etats, mais avec plus de succès dans ceux du Nord de l'Europe que dans ceux du Midi. Les premiers, moins asservis aux préjugés, comprennent mieux combien il importe à la liberté de leur Commerce & à leur propre sûreté de n'être pas devancés par leurs voisins. Ils sont convaincus de cette vérité mise dans un si grand jour par le judicieux Montesquieu ; sçavoir, qu'une Nation qui se maintient dans sa population, son Agriculture & son Commerce, ne laisse pas de décheoir, si les Nations voisines ont sur ces objets de meilleurs principes qu'elle ; que la puissance des peuples étant relative, celui qui n'avance pas comme les autres, recule ; & qu'on ne sçauroit assez-tôt adopter leurs bons établissements & leurs utiles découvertes. Ceux dont le génie les porte à la réflexion, & qui approfondissent tout, persuadés que chaque partie d'un Gouvernement, quelque parfaite qu'elle paroisse, est susceptible d'être perfectionnée, ont beaucoup d'avantage sur les autres. Ils jouissent longtems seuls de leurs découvertes, tandis que les autres peuples perdent le tems à les critiquer par préjugé ou par jalousie.

Quel avantage le peuple qui réfléchit n'a-t-il donc pas sur les autres ! il promene son esprit sur tout ce qui peut l'intéresser ; il examine, il pese, il calcule & pense que les petites, comme les grandes causes, pouvant concourir à sa prospérité, méritent ses soins & ses recherches : semblable à un Général experimenté qui, sachant combien les plus légeres circonstances ont d'influence sur la victoire, ne néglige rien pour faire pencher la balance de son côté en un jour de bataille.

L'élévation d'un tel peuple est dans l'ordre des choses ; il entre en lice, muni de découvertes & d'établissements que les autres ont ignorés ou négligés : c'est un accroissement de ses forces auxquelles ses concurrents n'en ont point de nouvelles à opposer. Il est naturel qu'il acquiere d'abord la supériorité, & qu'il la conserve, parce que, s'ils l'imitent, il met à profit l'avance qu'il a sur eux pour perfectionner ses établissements ou pour en former de nouveaux, en sorte que son ascendant sur les autres peuples lui demeure, & qu'on ne peut l'en déposséder qu'en faisant des efforts supérieurs aux siens ; ce qui n'est pas aisé, parce qu'il en est d'un peuple qui entre dans la carriere de la vertu ,comme de l'homme qui passe successivement de l'enfance à l'adolescence, à la vigueur de l'âge & à la vieillesse ; il faut que le troisieme période soit écoulé avant de pouvoir tirer avantage de la foiblesse du dernier, & les siecles ne sont que des lustres dans la vie des Nations ; outre que tous les peuples, en parcourant ces périodes, s'y succedent. Les ainés,arrivant plutôt à la vieillesse, tombent souvent en démence, & rarement se rétablissent-ils, sinon par le secours de la greffe.

Cette position des Nations d'Europe, de ne pouvoir étendre leurs possessions, les force de les améliorer par le Commerce & l'Agriculture. Les troupes qu'elles entretiennent sont destinées moins pour envahir ou défendre leur Etats respectifs, que pour protéger ou favoriser leur Commerce. Les guerres, les traités qui meuvent, agitent cette belle partie du globe, n'ont pas d'autre motif. Les négociations entre ses Potentats ont toujours le Commerce pour objet principal ; c'est une mine exploitée par toutes les Nations avec differens succès, le centre où se réunissent leurs desirs, & la cause de leurs querelles. Elle leur tient lieu de nouvelles terres qu'elles n'ambitionnent qu'en vue du Commerce, & qu'elles abandonnent, dès que cet objet ne peut être rempli.

Le Commerce, ainsi que l'Agriculture qui n'en sçauroit être séparée, est donc (après la Religion & les Loix, base d'un Etat) la partie du Gouvernement la plus importante, celle qui requiert d'avantage l'attention de ceux qui en tiennent les rênes. Les autres Ordres doivent concourir à favoriser celui-là ; la Religion, y recommander la bonne foi sans le gêner par des scrupules sur un intérêt que les Loix & l'usage autorisent ; les Loix, le protéger en bannissant les formalités de ses Tribunaux ; la Noblesse, le défendre : il ne contribue pas moins qu'elle à la gloire de la Nation, sa connexion avec la profession des armes étant telle que le Militaire semble uniquement destiné à défendre ses intérêts contre les autres Nations. Ces deux corps sont donc intimement liés de vues & de secours réciproques, le concert est absolument nécessaire entr'eux ; également actifs & utiles à l'Etat, tous deux militant pour sa prosperité ou pour sa défense, l'un en guerre, l'autre en paix, quelquefois ensemble ; trouvant, dans les devoirs de leur profession respective, leur gloire propre unie à celle de la Patrie à qui ils doivent être toujours prêts d'en faire le sacrifice, s'ils aspirent à une plus grande, ou à l'approbation de leur propre cœur, sentiment bien préférable à la gloire. En un mot, ils doivent pour ainsi dire ne former qu'un seul corps, qui, traçant d'une main des opérations de Commerce, combatte de l'autre contre ceux qui voudroient les traverser, sans empiéter pourtant sur les fonctions l'une de l'autre. Les deux professions doivent être distinctes : l'une est la vie, l'autre le bouclier : l'une a pour objet la défense, l'autre la santé de l'Etat, sa prosperité; objets précieux qui se réunissent & se confondent, mais qui sont plus sûrement produits par chaque profession séparée.

Le Citoyen consacré à une seule profession, la remplit beaucoup mieux; son esprit y porte toute son activité, n'étant pas dissipé par la diversité d'objets. Comment n'a-t-on pas appliqué à l'Etat militaire ce qu'on remarque dans les professions inférieures ? Une montre n'est parfaite que parce que plusieurs ouvriers y ont concouru, & que chacun en a perfectionné une piece. L'Etat est la montre, chaque corps est obligé de bien travailler sa roue, la fusée ou le ressort, afin que la machine étant montée, ait un mouvement bien reglé & durable. D'ailleurs, la conservation du principe de chaque profession dépend de sa séparation ; l'honneur & le désintéressement sont plus particulierement le principe de l'Etat militaire ; la bonne foi & l'amour du travail, celui du Commerce. Les soins réunis des deux professions en affoibliroient les principes, au lieu que de leur distinction naît une force & une émulation très-avantageuses à l'Etat. Desirons seulement que le Militaire & le Négociant ne perdent pas de vue le principe de leurs professions ; que le premier y joigne l'étude & la modération pour les plaisirs ; que le Négociant y ajoûte le désintéressement & l'amour de la solide gloire ; que tous les deux enfin n'oublient jamais qu'ils sont les colonnes de l'Etat, & que selon qu'ils remplissent ou négligent leurs devoirs, soit par mollesse ou par avarice, la Patrie prospere ou s'appauvrit.

Si le parallele est juste, & qu'il soit reconnu que le Négociant & le Militaire sont également utiles dans un Etat, il suit que la protection & l'attention du Gouvernement doivent s'arrêter autant sur l'un que sur l'autre. Les rapports qu'il y a entre eux, les secours mutuels qu'ils se prêtent, doivent encore plus déterminer cette égalité de faveur. Outre cela, afin de pouvoir mieux combiner les intérêts de deux corps aussi intimement unis, & diriger plus sûrement leurs fonctions, on devroit en quelque sorte n'en traiter que dans le même bureau pour les avoir en même tems sous les yeux, & ordonner suivant leurs ressources & leurs besoins respectifs.

Le Négociant n'est pas assez directement sous les yeux du Ministere. Ses opérations, mieux connues, pourroient donner des vues qui tourneroient au profit de l'Etat. On conduit, on dirige les opérations du Militaire : pourquoi l'attention qu'on leur donne est-elle si disproportionnée, & met-on une si grande difference entre deux professions aussi dépendantes l'une de l'autre ? La connoissance que le Ministere prendroit des grandes opérations de Commerce seroit-elle incompatible avec la liberté dont il doit jouir ? Mais les lumieres qu'on chercheroit à se procurer à cet égard, n'auroient pas pour motif de gêner le Négociant dans ses spéculations ; on n'en feroit usage que pour ménager des traités, ou former des établissements qui feroient pousser au Commerce de nouvelles branches. Ce seroit une correspondance entre le Ministre & le Négociant qui feroit connoitre non-seulement les opérations, mais les hommes intelligens de cette profession, que la confiance dont on les honoreroit, les exciteroit à bien remplir.

On tient regitre des noms des Officiers, de leurs actions & de leur mérite ; il ne feroit pas moins utile d'en faire autant pour les Négociants les plus éclairés qui se distinguent par leur zèle pour la Patrie. Cette relation & cette confiance du Ministre, qui sembleroient en quelque sorte associer le Négociant à l'administration de l'Etat, déracineroient de son cœur l'intérêt propre qu'on lui reproche ; il estimeroit alors celui de la Patrie à l'égal du sien, & peut-être lui donneroit-il la préférence ; tant il est facile de diriger les hommes vers le bien, en maniant adroitement leurs passions, qu'il est impossible de détruire, mais non de soumettre les unes aux autres.

Cette connoissance des hommes à talents devroit s'étendre à toutes les professions. Quel sage Gouvernement que celui qui auroit continuellement sous les yeux les noms des hommes de mérite dans tous les Ordres, qui faisant la gloire & la force d'un Etat, pourroient rendre une infinité de services ! Mais bornons-nous à en faire sentir l'importance relativement au

Commerce reconnu aujourd'hui pour être l'objet capital des Nations de l'Europe, la source de leur prospérité. Combien dans nos Villes de Commerce ne se trouve-t-il pas de Négociants estimables par leurs mœurs & leurs lumières, ou dont les talents ne sont pas développés faute d'encouragement, qui, sous la main d'un Ministre qui voudroit les employer, procureroient des avantages très réels à la Patrie ?

C'est assurément aujourd'hui plus que jamais le cas de ne pas les laisser inutiles. Si la prudence du Ministere lui dicte le sage parti d'attirer de chez l'Etranger au service de l'Etat d'habiles Militaires pour commander les armées, de distinguer les braves Officiers Nationaux, de les récompenser en se les attachant pour s'en servir au besoin, il est indispensable de porter la même sagesse de vues sur le Commerce. Le Négociant milite comme l'Officier ; il peut, comme lui, balancer la puissance de nos ennemis ; ses opérations profondément combinées & protégées par le Gouvernement, peuvent contrecarrer celles de nos rivaux, détourner de la source de leur puissance des canaux qui viennent fertiliser notre chere Patrie, augmenter notre exportation, diminuer la leur, ranimer nos fabriques, & accroître le produit de nos terres.

On parviendra bien plus sûrement à diminuer la grande puissance d'une Nation rivale, si on s'efforce de la surpasser en bons réglemens & en justesse de vues dans le Commerce, que si on emploie la voie des armes, puisqu'encore une fois on n'entreprend la guerre que pour favoriser son Commerce. Les motifs des guerres d'Europe sont les querelles des Négocians qu'il seroit à desirer qu'ils pussent vuider entr'eux la plume à la main, sans être obligés de recourir à l'épée meurtriere d'un second. Les plus habiles seroient victorieux. Il seroit fort heureux pour l'Humanité que cette tournure d'esprit s'emparât des Nations, mais on ne peut s'en flatter ; quoi qu'il en soit, il résulteroit de notre supériorité de vues dans le Commerce un avantage honorable, qui seroit de n'être jamais les aggresseurs dans la guerre. Quand on peut par ses talents & son habileté l'emporter sur un compétiteur, on ne songe guères à employer la force : c'est presque toujours la conviction de sa propre insuffisance qui fait recourir à ce dernier moyen.

Comment la Nation pourroit-elle acquérir cette supériorité de vues & cette habileté dans le Commerce eſtimées ſi importantes qu'elles équivaudroient ſeules à des armées & établiroient plus ſolidement la puiſſance de l'Etat que des victoires ? C'eſt ce qui reſte à examiner.

Lorſque le Royaume eſt en pleine paix, on permet aux Officiers en qui on remarque des diſpoſitions, de faire pluſieurs campagnes dans les armées des Puiſſances qui ſont en guerre. Ce ſage emploi de leur loiſir fait éclore des talents qui ſeroient reſtés enfouis dans l'oiſiveté ; il les met à portée d'approfondir les habiles manœuvres des Généraux des autres Nations ; ſouvent même ils les exécutent. Rappellés enſuite par la Patrie, ils déployent pour ſa défenſe ces mêmes talents perfectionnés à l'école des plus fameux Capitaines, à qui on oppoſe d'ordinaire ces Officiers eſtimés, très-capables de faire avorter leurs deſſeins.

Ce parti eſt auſſi utile que bien réfléchi ; rien ne forme tant les gens de guerre que d'être exercés à la diſcipline & aux manœuvres des autres Nations. La grande ſupériorité dans l'art militaire des Grecs ſous Alexandre le Grand, & des Romains, procéda principalement des combats ſans nombre qu'ils livrerent à une infinité de Nations dont-ils adopterent les meilleurs usages : outre qu'ayant combattu dans toutes sortes de lieux contre des peuples qui differoient tous par les armes ou la maniere de combattre, ils se familiariserent non-seulement avec les périls, mais ils acquirent cette hardiesse qui naît de la suffisance, en sorte qu'aucune situation ne les étonnoit.

Ce que l'on vient de dire de l'état militaire se fait remarquer dans tous les autres. On ne parvient à exceller dans sa profession qu'autant qu'on pratique ceux qui s'y distinguent, & qu'on s'approprie en quelque sorte leur maniere d'opérer ; cela est confirmé par l'expérience. Ainsi un certain nombre de Négociants qu'on mettroit à portée d'étudier le Commerce des autres Nations ; de s'instruire de leurs fabriques en tous genres & de leurs progrès ; des matieres qui croissent chez elles ou qu'elles achettent ; comment elles cultivent leurs terres ; quelle est la nature du sol ; quelles en sont les productions ; quelles mines s'y rencontrent, & la meilleure méthode de les exploiter ; de prendre enfin des lumieres sur tout ce qui a rapport au Commerce & à l'Agriculture, ainsi que sur ce qui intéresseroit à d'autres égards la Nation, rendroient sans doute les plus grands ſervices à l'Etat. La proviſion de connoiſſances qui réſulteroit d'un pareil établiſſement ſeroit un magazin inépuiſable ; peut-être n'y en eut-il jamais de plus utile, vû les circonſtances, nos rivaux prenant de plus en plus le deſſus.

D'ordinaire les Négociants qui voyagent ne font que des découvertes ſuperficielles qu'ils cachent même avec ſoin, de ſorte que la Nation en retire peu de fruit : mais ceux qu'on propoſe pour l'établiſſement dont-il s'agit, ſeroient des Citoyens choiſis & gagés par l'Etat, vertueux, zèlés & engagés par leurs ſentiments à remplir dignement leur emploi, en ne négligeant rien de ce qui pourroit tourner à l'utilité & à la gloire de la Patrie ; à qui on preſcriroit de rendre exactement compte de leurs obſervations, de leurs découvertes & des vues d'utilité qui naitroient de leurs recherches, d'envoyer de tems en tems des mémoires qui feroient connoître ceux qui s'acquitteroient bien ou mal de leur emploi ; qui, par une étude conſtante du Commerce utile que nous pouvons faire avec une Nation, feroient en état de donner de bons avis à ceux de nos Négociants qui ont des maiſons chez l'Etranger, leſquels avis n'auroient pour motif que l'intérêt général de la Nation & seroient exempts de toute partialité ; qui par leur expérience pourroient guider les personnes à qui le Roi auroit confié les achapts des bois de construction, agrés, &c. pour la Marine, & se rendre utiles dans les autres opérations qui seroient faites pour le compte du Roi ; qui communiqueroient leurs observations ou leurs vues à l'Ambassadeur ou Résident du Roi chez la Nation de leur ressort, lorsqu'il s'agiroit de mettre dans un grand jour quelque projet d'utilité ou de le faire appuyer ; à qui les Chambres de Commerce pourroient demander les éclaircissements dont elles auroient besoin, & les charger de leurs intérêts qui seroient toujours subordonnés au bien général de la Nation ; qui correspondroient avec le Bureau d'Agriculture de la Généralité de l'Isle de France, auquel ils feroient part de leurs observations sur les productions, la maniere de cultiver, &c. des autres Pays : (*a*) enfin la vigilance de ces Négociants

(*a*) Une longue routine est le seul guide des Agriculteurs de la plupart des Nations, qui, pour certaines productions, ne laissent pas de posséder d'excellentes méthodes ignorées des peuples les plus éclairés ; le hazard ayant souvent mieux servi les hommes que l'étude.

Négocians s'étendroit à tous les objets de Commerce & d'Agriculture ; ils feroient, à cet égard, les surveillants & la boussole de la Nation.

Afin de retirer toute l'utilité convenable d'un pareil établissement, il faudroit en envoyer, non-seulement chez les principales Nations de l'Europe, mais aussi dans nos diverses Colonies & Pays d'Asie où nous avons la liberté de commercer. On feroit attention que ceux-ci eussent les talents nécessaires pour accélerer par des vues justes, les progrès de nos Colonies ; qu'ils connussent notre Commerce Maritime, celui des autres Nations, & on leur défendroit tout négoce propre, direct ou indirect. Il feroit très-utile aussi d'en faire embarquer sur les Vaisseaux du Roi ; ils auroient pour objet l'étude de la Navigation, & de prendre des lumieres sur le Commerce des Nations dans les Ports desquelles ils relâcheroient. Ces Inspecteurs externes pourroient être répartis dans les différentes Contrées du Monde comme il suit.

2. en Angleterre, dont l'un se fixeroit à Londres pour faire ses observations sur le Commerce & les Fabriques de cette grande ville & du voisinage, ainsi que sur la culture de la campagne. L'autre parcourroit les Provinces d'An-

gleterre & l'Irlande, dans le même dessein.

1. en Hollande, dont il visiteroit les villes & les Fabriques.

1. à Hambourg & petits Etats qui avoisinent cette ville.

1. en Dannemarck.

1. à Dantzic & en Pologne.

1. en Suede.

2. en Russie ; l'un feroit sa résidence à St. Péterfbourg & Ports voisins ; l'autre, dans les villes maritimes plus éloignées & dans l'intérieur du Pays.

1. qui parcourroit la Saxe, la Prusse & la Siléfie.

1. à Vienne, Ausbourg & Pays voisins.

1. en Suisse.

1. à Venise & Ports de la Mer Adriatique.

1. à Livourne, Génes, Milan, & en Piémont.

1. à Naples, Sicile, & dans l'Etat Ecléfiaftique.

3. aux Echelles du Levant ; l'un visiteroit les divers Ports des Echelles ; les deux autres pénetreroient dans le Pays.

2. en Espagne ; l'un parcourroit la partie voisine de l'Océan ; l'autre, la partie située sur la Méditerranée.

1. en Portugal.

1. à notre établissement de Gorée.
1. aux Isles de Bourbon, qui s'instruiroit par des voyages, ou autrement, du Commerce qu'on pourroit entreprendre sur les Côtes voisines de la Mer rouge.
1. dans nos établissemens du Golfe Persique.
2. dans les Comptoirs de la Compagnie aux Indes Orientales.
1. à la Chine & au Tunquin.
1. à S. Domingue & Isles voisines.
1. à la Martinique & Isles voisines.
1. à la Guadaloupe & Isles voisines.
2. à Cayenne ou dans la Guyane, pour aider aux progrès de cette Colonie dans laquelle on peut s'étendre.
1. à la Nouvelle Orléans
1. à Terre-Neuve, pour veiller à notre pêche qu'il importe de mieux faire que par le passé, puisqu'elle est plus resserrée.
6. qui s'embarqueroient sur autant de petites Escadres qu'on enverroit dans l'une & l'autre Inde pour exercer nos Matelots, & nos Officiers de Marine, qui devroient être capables de vues, non-seulement sur le Commerce des diverses Nations où les Vaisseaux relâche-

roient ; mais sçavoir les Mathématiques, afin d'étudier & perfectionner la Navigation (*b*).

Quarante Inspecteurs en tout.

Voilà la distribution qu'on en pourroit faire, sauf les changemens qui seroient jugés convenables : mais le nombre, ce semble, n'en sauroit être

---

(*b*) Tout Officier de Marine devroit être muni du voyage autour du Monde, de George Anson. On trouve dans la Préface les réflexions suivantes.

» Il n'y a aucune profession qui éxige plus de théorie & » de réflexion que la Marine, sans compter la Géographie ; » la Géométrie & l'Astronomie, qu'un Officier de Mer ne » peut ignorer tout-à-fait sans rougir, vû que son Journal » & l'estime journaliere du cours de son Vaisseau, ne sont » fondés que sur des branches de ces Arts ; on ne peut douter » que la manœuvre & la conduite d'un Vaisseau, l'arrimage » & la disposition des voiles, ne soient des articles où la con- » noissance des Méchaniques ne soit d'une très-grande utilité. » Lorsqu'on examine la fabrique d'un Vaisseau, le nombre & » la variété de ses voiles & tout ce qui est nécessaire pour les » mettre dans leurs différentes positions, on est frappé de » l'invention, & de la sagacité qui y paroît : mais on sent en » même tems qu'un tour de génie sçavant & spéculatif peut » trouver des moyens de faire agir les parties d'une Machine » aussi composée, bien plus avantageux que ceux qu'offre » une routine aveugle. »

diminué à cause de l'étendue de leurs fonctions ; qui embrassent tant le Commerce que l'Agriculture sur laquelle la plus petite Contrée peut fournir beaucoup d'observations (c).

Afin de remplir ces objets, il est indispensable que chaque Inspecteur entende à fond la langue de la Nation pour laquelle il sera destiné. S'il sçavoit de plus une ou deux langues les plus usitées de l'Europe, il seroit mieux en état de converser avec les voyageurs qu'on rencontre dans tous les Pays.

Les Sujets qu'on choisiroit pour cet établissement devroient être agés au moins de trente-cinq ans, être consommés dans les grandes spéculations de Commerce, n'être pas tout-à-fait neufs sur l'Agriculture, ou du moins avoir quelque teinture de l'Histoire Naturelle, qui les rendit propres à comprendre aisément les pratiques des cultivateurs étrangers, à juger de

(c) La répartition des Inspecteurs peut être susceptible de quelque réforme par un examen plus exact des branches de notre Commerce, qu'il est essentiel de mieux soigner, ou de celles qu'on voudroit lui ajoûter. Par exemple, deux suffiroient peut-être en Italie, le troisieme pourroit être employé dans le Nord ou ailleurs.

la nature du ſol, de tous les minéraux, &c. Il faudroit qu'ils euſſent quelque connoiſſance des Fabriques & Manufactures du Royaume, pour faire des obſervations exactes ſur les progrès dont peuvent être ſuſceptibles celles des autres Nations, ſauf à aſſigner à chacun d'eux le diſtrict le plus correſpondant à ſes lumieres ; enfin, on obſerveroit que leurs mœurs fuſſent ſans reproche ; qu'ils fuſſent éclairés, laborieux, déſintéreſſés & zèlés pour le bien public.

Les meilleurs établiſſements ne tombent d'ordinaire que parce qu'on n'apporte pas aſſez d'attention au choix des hommes qui ſont chargés de la conduite ; le mauvais ſuccès rebute les Miniſtres, & les prévient contre tout projet qui au premier coup d'œil paroît coûteux. Ils ne peuvent ni tout voir, ni tout connoître ; ceux à qui ils confient un ſemblable choix, ſont eux-mêmes ſouvent obligés de s'en rapporter à d'autres qui s'en acquittent ſuperficiellement ou avec partialité ; quelquefois encore l'importunité leur arrache des emplois en faveur de gens dont tout le mérite conſiſte en beaucoup d'intrigue & de hardieſſe. J'avoue que l'établiſſement dont il s'agit, éxige plus de réſerve & d'attention dans ce choix qu'aucun qu'on ait eu en vûe.

On projette de donner des guides à la Nation fur l'Agriculture & le Commerce ; quels objets importans & précieux ! aussi est-il de la derniere conséquence de n'employer que les hommes reconnus généralement pour posséder les qualités dont on a parlé.

On propose de les chercher parmi les Négociants experimentés, parce que le Commerce fournit naturellement des connoissances sur les productions de la terre, & donne la théorie de tout ce qui croît & se fabrique dans les pays étrangers. Le Négociant est habitué à raisonner sur les récoltes & sur les Fabriques des autres pays, ou à s'en enquérir par la correspondance ; les amis & les relations qu'il s'y est procurés, peuvent lui applanir beaucoup de difficultés ; il est accoutumé aux voyages, & son esprit exercé à observer : enfin, on peut trouver réunies en lui les connoissances sur le Commerce & l'Agriculture ; ce qu'il est impossible de rencontrer chez ceux qui, éloignés par état du Commerce, ont fait seulement une étude de l'Agriculture. Ces citoyens peuvent être employés plus utilement dans le Royaume à conduire les cultivateurs. Leurs travaux méritent beaucoup de leurs concitoyens, dont l'estime & la gratitude ne devroient pas être la seule récompense, si leur zèle patriotique même ne prouvoit qu'ils la trouvent dans la satisfaction que ressent une belle ame qui chérit sa Patrie, de la voir prosperer par ses soins.

Afin de se procurer des Sujets Négociants qui ayent les qualités requises, il faut nécessairement leur faire un sort qui les empêche de regretter les avantages qu'ils auroient lieu de se promettre de leurs talents, s'ils les tournoient vers des établissements de Commerce. On les découvriroit dans nos principales villes commerçantes ou dans les autres, retirés des affaires ; ceux qui possedent ces talents n'étant ni les plus opulents, ni les plus heureux, soit faute de moyens pour suivre des entreprises, ou par une délicatesse de sentiments qui leur défend l'avidité & les voies peu légitimes de s'enrichir : ce qui suppose déjà des hommes qui ne donnent pas dans leur cœur le premier rang aux richesses, mais qui leur préferent la vertu & les connoissances. Ce seroit pour eux une occasion de les augmenter, & de se rendre utiles à leur pays, & ils l'embrasseroient avec joie (*d*).

(*d*) Ceux des Négociants qui ont été ruinés dans la derniere guerre par les déprédations imprévues des Anglois, auroient par-là occasion de faire valoir leurs talents, qui res-

Le choix s'en feroit sûrement, & sans courir les risques d'être surpris par l'inattention de ceux qui en seroient chargés ou par la faveur des protecteurs, si le Ministre daignoit écrire à cinq des Négociants les plus distingués de chacune de nos principales villes commerçantes, de lui marquer les noms de six Négociants de leur ville, ayant les qualités dont on a fait mention, & dont l'état fût assez indépendant pour qu'ils pussent s'expatrier pendant quelques années. On demanderoit pareillement à la Chambre de Commerce de chacune des mêmes villes les noms de six Sujets semblables. La confiance qu'on voudroit bien marquer à ces Négociants, les flatteroit infiniment, & il y a lieu de croire qu'ils se feroient un devoir d'y répondre. Si en même tems on leur ordonnoit de ne pas laisser transpirer l'information qu'on leur demande, le Ministre recevroit les noms de trente-six Sujets choisis dans chaque ville, sans que l'indication eût été concertée entre les

---

tent sans doute inutiles, faute de fonds ou de crédit. Il n'y a pas de doute que la plûpart ne soient des Négociants estimables, dont la prudence & la probité n'ont pû les mettre à l'abri des malheurs d'une guerre inattendue & ruineuse. Ce seroit un dédommagement digne de la justice & de la bienfaisance du Roi.

cinq Négociants notables. Comme le hazard feroit sans doute qu'un même Sujet seroit indiqué par plusieurs d'entre eux, celui sur qui un plus grand nombre de voix se seroient réunies, seroit préferé à ses concurrents.

Quand on ne consulteroit que Paris, Lyon, Marseille, Bayonne, Bordeaux, la Rochelle, Nantes & Rouen, on auroit la liste des noms de deux cent quatre-vingt-huit Négociants reconnus capables par les meilleurs juges du Royaume; & de ce nombre quarante seulement devroient être employés; mais il seroit à propos de consulter quelques autres villes où il se rencontre aussi des Négociants éclairés & estimables; de requérir qu'on s'informât de ceux qui pourroient s'être retirés depuis peu du Commerce pour habiter dans l'interieur des Provinces, & qui, comme on l'a dit, seroient peut-être les plus utiles. On pourroit se flatter avec d'autant plus de raison de se procurer des Sujets tels qu'on les desire, qu'il n'y a aucune profession où l'on se connoisse aussi parfaitement que parmi les Négociants. Ils sont nécessités à se communiquer, soit pour découvrir les idées les uns des autres sur les spéculations qui se présentent, ou pour pénetrer leur fortune, leur situation réciproque, afin de regler la-dessus leur confiance dans les négociations qu'ils font entre eux ; l'intérêt met en jeu tant de passions qu'on découvre aisément celle qui domine (*e*). De sorte que ces cinq Négociants notables de chaque ville, seroient les meilleurs juges du mérite de leurs confreres qu'il fût possible de rencontrer ; leur opinion équivaudroit à celle du Public, mais d'un Public éclairé qu'on sçait ne se tromper guères dans l'idée qu'il se forme des hommes.

Si on n'a pas proposé de s'adresser pour ce choix seulement aux Chambres de Commerce, ce n'est pas qu'à certains égards on ne les croye propres à le faire : mais on conviendra que dans ces Compagnies, soit par déference, politesse ou amitié, on pourroit soumettre, sans s'en appercevoir, son opinion à celle d'un autre, & que le choix ne seroit pas aussi libre qu'il est à desirer. Il suit par conséquent qu'aucun des Négociants dont on a parlé, ne doit être membre des Chambres de Commerce, afin de prévenir toute communication de vues.

(*e*) Les Négociants se forment encore une idée assez juste du caractère de ceux de leurs Correspondants qu'ils n'ont jamais vus. On se peint à la longue dans ses lettres ; on y décele ses secrets sentiments.

Les premiers Banquiers de Paris ſont en relation avec les Négocians les plus diſtingués de nos villes commerçantes, ou bien ils les connoiſſent de réputation ; de ſorte qu'ils pourroient indiquer les cinq d'entre ces Négocians qu'on voudroit conſulter. Ces mêmes Banquiers ſeroient conſultés eux-mêmes pour les trente-ſix Sujets que Paris devroit fournir.

Il ſeroit eſſentiel de faire connoître aux Chambres de Commerce & aux cinq notables Néciants de chaque ville le ſort qu'on ſe propoſe de faire aux Inſpecteurs, afin qu'ils indiquaſſent des Sujets qui, non-obſtant un établiſſement ou la fortune dont ils pourroient jouir, ſe déterminaſſent à l'abandonner, ſi le ſacrifice n'étoit pas trop grand.

Moyennant ces précautions, qui ſemblent abſolument néceſſaires pour faire un choix qui réponde à l'importance de l'établiſſement, il n'y a pas de doute qu'on ne remplît parfaitement cet objet, & qu'on ne retirât de cette entrepriſe des avantages très-précieux pour l'Etat : mais on ne doit pas trop viſer à l'économie, qui, ſi on oſe le dire, ſeroit mal entendue ; il ne s'agit pas de confier cet établiſſement à des Sujets qui ſoient ſans reſſources comme ſans talents, par conſéquent qui estimeroient qu'un appointement de cinq à six mille livres seroit une fortune pour eux ; à quoi vraisemblablement ils ne borneroient pas ensuite leurs desirs : mais ils donneroient leur tems à leurs intérêts particuliers au préjudice des devoirs de leur emploi.

Il est question d'engager, de déterminer des Négociants bons citoyens qui ont quelque fortune à quitter leurs établissements, & passer chez l'Etranger pour s'y livrer à l'étude du Commerce & de l'Agriculture des autres Nations, faire des observations, dresser des mémoires, apprendre les langues, & suivre un travail pénible & soutenu : de sorte qu'on ne pourroit pas leur faire un parti moindre de quinze mille livres à chacun, sauf pourtant à retrancher ou ajoûter à cet appointement en raison de la capacité de chacun d'eux, & des dépenses plus ou moins considérables des pays ou ils seroient employés. Cela formeroit un total de six cent mille livres, somme forte à la vérité, mais qu'on ne peut mettre en comparaison avec les avantages que le Commerce & l'Agriculture en retireroient, dont on s'appercevroit bientôt par la balance du Commerce & les lumieres qui se répandroient sur toutes les parties de l'Agriculture : avantages qui seroient refluer tous les ans plusieurs millions dans les coffres du Roi (*f*).

Le succès de l'entreprise dépend du bon choix des Inspecteurs, (ce qu'on ne sçauroit assez répéter,) auquel on doit apporter l'attention la plus scrupuleuse : mais quand même on craindroit de ne pas réussir, on croit qu'il conviendroit de la tenter, vû les efforts des autres peuples & leur attention à favoriser toute espece d'industrie utile à leur pays ; ce qui nous avertit de les imiter, si nous ne voulons pas leur laisser gagner sur nous une telle avance, que dans la suite il nous soit impossible de les atteindre : car il n'y a pas de doute que plusieurs d'entr'eux n'entretiennent, dans les differentes Contrées où se fait le Commerce, des hommes intelligens qui, leur communiquant leurs observations, donnent lieu à des établissements avantageux, ou à des traités en faveur de leur Commerce.

(*f*) La Compagnie des Indes pourroit fournir aux appointements des Sujets employés dans ses Comptoirs, de même que la Chambre de Commerce de Marseille être chargée des frais de ceux destinés pour les Echelles du Levant : mais peut-être conviendroit-il de ne faire aucune distinction, afin que le Ministre, ayant sous les yeux toutes les branches de l'établissement, pût plus vîte réprimer le relâchement, s'il en survenoit.

Il y a lieu de croire que par le travail de ces quarante Inſpecteurs externes, occupés chez l'Etranger ou dans nos Colonies à éclairer la Nation, on auroit pourvu à ce qui peut favoriſer & étendre ſon Commerce extérieur, augmenter ſes lumieres pour la perfection de ſes Fabriques ou pour l'établiſſement de nouvelles, lui rendre propres les connoiſſances des autres peuples ſur l'Agriculture, & avancer ſes progrès dans la Navigation trop négligée juſqu'ici, mais qui ſemble prendre une nouvelle face par les ſoins & l'habileté du Miniſtre à qui le Roi a confié cette partie de l'adminiſtration. Il ne s'agiroit plus que d'établir dans le Royaume une bonne police ſur ces objets, afin que l'induſtrie & nos campagnes en recueilliſſent le plus de fruit qu'il ſeroit poſſible. Les Bureaux d'Agriculture formés dans quelques provinces & ceux qu'on pourroit établir dans les autres, ſuffiroient pour répandre ſur la culture les lumieres néceſſaires, tant par leurs propres découvertes, que par les obſervations que les Inſpecteurs externes leur communiqueroient. Il reſteroit à créer dans le Royaume d'autres Inſpecteurs qui euſſent l'œil ſur nos Manufactures & nos Fabriques, ſans quoi les obſervations qui ſeroient faites au dehors, deviendroient inutiles.

Pour cet effet, il conviendroit de donner ces emplois à des Fabriquants ou Manufacturiers intelligens & reconnus capables d'y porter des lumieres, en doublant, én faveur de leurs talents, les appointements qu'on paie à ceux qui sont revétus de ces emplois, dont peu sont remplis comme il seroit à desirer, & en les récompensant même au-delà, si leur mérite & leur travail le requéroient (*g*). Il leur seroit défendu de s'intéresser dans aucune Fabrique, Manufacture, ou autre entreprise de Commerce, afin qu'ils donnassent tout leur tems & leurs soins à faire observer les reglements, & à examiner en quoi la Fabrique ou Manufacture pourroit être perfectionnée ; ce dont ils informeroient leurs supérieurs.

Le

(*g*) Les Fabriquants ou Manufacturiers intelligents & laborieux ne postulent pas ces emplois : ils ont des ressources ou des établissements formés qui valent beaucoup mieux ; il n'est pas à présumer qu'ils les abandonnassent sans un dédommagement à peu près équivalent, qu'il est juste de leur accorder. Les hommes utiles & en état de rendre des services, s'offrent rarement ; ils attendent qu'on les recherche : alors déterminés, soit par l'espoir de faire connoître leurs talents, ou de concourir au bien public, ils renoncent sans peine à d'autres avantages.

Le choix de ces Inſpecteurs pourroit ſe faire de la même maniere que celui des Inſpecteurs externes, du moins pour les Fabriques & Manufactures conſidérables du Royaume. A l'égard des autres, on pourroit conſulter les Intendants de Provinces & les Officiers Municipaux des villes où elles ſont établies. Cette augmentation d'appointements ne formeroit peut-être pas une ſomme de cent mille livres ; mais allât-elle plus loin, on ne doit pas s'arrêter à quelque dépenſe, s'agiſſant de mettre toutes les branches de l'établiſſement en état de croître & fructifier par la reſtauration du Commerce & de l'Agriculture.

Quelle émulation de ſemblables vûes du Gouvernement n'exciteroient-elles pas parmi les Négociants ! On les verroit ſe livrer avec ardeur aux objets les plus intéreſſants de leur profeſſion, y répandre les vûes les plus étendues & les plus ſaines, cultiver les langues de l'Europe pour aller puiſer chez les autres Nations de nouvelles connoiſſançes : étude trop négligée parmi nous, qui, nous bornant à la langue nationale, ſommes peu en état de nous inſtruire de ce qui ſe paſſe chez elles, & ne connoiſſons de leur Commerce & de leur induſtrie que ce qu'elles veulent bien nous en écrire, ou ce que nous rapportons de nos voyages rapides & infructueux, faute de pouvoir converſer avec les naturels du Pays, tandis qu'un Négociant ne ſçauroit acquérir une intelligence parfaite dans ſon état qu'en fréquentant les commerçants & artiſtes étrangers. Il nous importe d'autant plus de rectifier nos idées ſur le Commerce, que l'induſtrie ayant pris racine chez la plupart des peuples de l'Europe, y pouſſe des branches qui couvrent des Pays qui avoient paru juſqu'ici ſe refuſer à ſa culture.

Si la prééminence ne nous eſt pas encore échappée, peut-être n'en ſommes-nous redevables qu'à l'accroiſſement du luxe en Europe, qui rend le produit d'induſtrie des autres Nations inſuffiſant à la conſommation des objets de leur luxe, mais à quoi leur émulation remédie chaque jour. Celles du Nord ont en plus grande abondance que nous les matieres premieres ſervant à l'induſtrie, telles que les laines, les chanvres, &c, que nous ſommes obligés d'acheter d'elles : matieres de premier beſoin & ſi néceſſaires que, malgré dix pour cent de frais de tranſport, nous ne pouvons nous en paſſer ( ). Ces mêmes frais

(*h*) Les laines qui nous viennent du Nord ſont quelquefois chargées de vingt-cinq pour cent de frais de tranſport &

au contraire ne haussent pas de deux pour cent, plus qu'à nous, le prix des soyes qu'elles tirent

---

gain des Marchands intermédiaires, c'est-à-dire, depuis la vente qu'en fait le premier propriétaire jusqu'à l'achapt du Manufacturier.

Le Dannemarck nous fournit des laines d'agneaux très-fines, dont nos Fabriques de chapeaux font une grande consommation; elles leur coûtent quarante sols la livre: elles payent celles d'Espagne environ trente sols, tandis que semblables laines de notre crû ne se vendent que quinze à dix-huit sols la livre. Cette supériorité de finesse des laines de Dannemarck & d'Espagne provient-elle uniquement du climat, ces deux pays differant aussi considerablement de temperature? La maniere de nourrir le bétail, ou le parquage ne contribueroit-il point à adoucir la laine? Il seroit surprenant que le climat de France, si favorable à tant d'autres productions qui surpassent en qualité celles des autres pays, refusât son influence aux laines, ou qu'il ne pût être corrigé jusqu'à certain point. On parvient par la bonne culture, la taille ou la greffe des arbres, à en rendre le fruit plus délicat. Pourquoi n'en seroit-il pas de même des animaux? Ils ont avec les plantes une nourrice commune, qui est la terre. Ce seroit, en quelque sorte, greffer le bétail que d'en mêler les races. Il n'y a pas de doute que, si la Provence & le Languedoc se procuroient des béliers de nos provinces septentrionales, ou, ce qui seroit mieux & plus praticable, si ces deux provinces en faisoient venir de Dannemarck ou d'autres pays du Nord par mer, il ne naquît

du Levant, d'Italie & d'Espagne, quoique frétées pour les régions du Nord les plus reculées ; ce qui est le seul avantage que nous ayons sur elles. Quant aux soies de notre crû, notre luxe les consomme ; les sommes que nous payons pour les soies d'Italie, &c. nous rentrent à la vérité par la vente de nos étoffes aux autres Nations : mais

---

de ce mélange un plus grand nombre d'agneaux plus vigoureux que les nôtres, & dont la laine seroit plus fine. Perfectionner une production, lui donner de la qualité, c'est lui donner une plus grande valeur, qui équivaut à l'abondance. Le climat d'Espagne ne differe pas assez de celui de Languedoc ou de Provence, pour qu'un pareil mélange reussît aussi bien.

L'expérience a fait voir que les animaux de même espece dont on méle les races, multiplient d'avantage ; & de la fécondité résulte d'ordinaire la vigueur des petits. Les graines, les semences employées dans une terre differente de celle qui les a produites, réussissent mieux. Il éclôt une plus grande quantité de vers à soye de la graine d'Espagne ou du Piémont qu'on apporte en France, que de la graine nationale, & les vers, plus vigoureux, résistent mieux à la variation du tems, si nuisible à ces animaux. Il semble que par cette mutation la Nature acquiere un plus grand ressort, & qu'elle se remonte, pour ainsi dire. On rétablit souvent sa santé en changeant de cli mat. La nouveauté reveille l'esprit & lui donne du ressort. Ces divers effets ne dériveroient-ils point de la même cause ? La Nature agit toujours par des loix générales.

leurs Fabriques prennent tous les jours de l'accroiſſement, & peuvent l'emporter en peu d'années ſur les nôtres par le bas prix de la main d'œuvre ; ce dont on commence à s'appercevoir pour les étoffes unies : il peut en arriver de même pour celles qui ſont façonnées. La bonne fabrication, la teinture, le goût ne ſont pas des avantages excluſifs. Le ſort de l'Italie & de l'Eſpagne doit nous ouvrir les yeux : ces Pays reçoivent du fond du Nord des étoffes fabriquées de leurs propres ſoies.

Qu'eſt-ce qui empêchera encore que nous ne ſoyons égalés dans nos dentelles & autres ouvrages de modes & de luxe ? Les autres peuples ont de commun avec nous les matieres qu'on y emploie, & leur ſol en produit quelques-unes qui ne croiſſent pas dans le nôtre, ou du moins qu'en petite quantité ; tels ſont les lins, pluſieurs minéraux & plantes pour la teinture. Leurs vaiſſeaux vont chercher les autres au Levant, à la Chine & en Amérique. La dexterité de leurs Artiſtes dans une infinité d'ouvrages ne laiſſe pas douter qu'ils ne puiſſent atteindre les nôtres dans ceux où nous excellons, même nous ravir la prérogative dont nous nous glorifions & qui fait notre ſécurité, de donner le ton pour les modes. La prédilection, la disposition à imiter est toujours en raison de l'estime qu'on a pour les autres. On se modele pour le ton, le geste, la façon de s'habiller sur les Nations qu'on admire.

Plus d'une, dans le Nord, fixe sur elle les regards du reste de l'Europe par la sagesse de son Gouvernement, & par les grands hommes presque dans tous les genres qu'elle possede, surtout dans l'Art Militaire & les Sciences. Avec quel empressement les Princes n'ont-ils pas introduit dans leurs armées l'exercice Prussien ! Cette imitation peut passer des objets importans aux choses purement de goût & de fantaisie. Le Roi de Prusse, fixant aujourd'hui son attention sur les Arts, peut, par des encouragements, les porter à un degré de perfection égal à ce qui l'a fait si justement admirer. Les obstacles disparoissent sous la main des grands Princes.

Il ne feroit pas alors étonnant de voir les modes Prussiennes prévaloir sur les nôtres ; nos Artistes, en soutenant leur réputation, & mettant le même goût dans leurs ouvrages, n'exciteroient peut-être pas davantage la curiosité des autres Nations, qui seroient entraînées vers celle qui mériteroit à plus d'un titre leur estime ; mais ne désesperons pas de la conserver ; la Patrie produit encore, dans tous les Ordres, des hommes éclairés & vertueux qui en ſont le ſoutien & la gloire, & la font reſpecter, malgré l'eſpece de dégradation où ſe plonge une partie de la Nation par ſon goût déſordonné pour les plaiſirs : diſſipation ſi outrée, qu'on la ſoupçonneroit de manquer de principes, puiſque ſes devoirs les plus chers ſont le plus ſouvent ſacrifiés à ſes paſſions. Si par malheur cette corruption venoit à faire des progrès, elle affoibliroit infailliblement l'eſtime des Étrangers, & causeroit à la fin notre décadence, dont notre climat, quelque favorable qu'il ſoit à nos Arts, ne nous garantiroit pas. L'Italie, quoiqu'également favoriſée de la Nature, n'a pu en préſerver les deſcendants des Romains.

La vénération pour les mœurs & les ſages Loix de cette fameuſe République ſe perpétuera. Les veſtiges d'imitation qu'on rencontre chez tous les peuples, prouvent la haute eſtime dont elle eſt en poſſeſſion depuis tant de ſiecles ; mais un pareil patrimoine ne ſe tranſmet pas. Les Nations, plus judicieuſes entre elles que les particuliers, ne tiennent compte aux peuples dont l'origine eſt célebre, que de leurs vertus propres.

Ce ne ſera que par de nouveaux efforts que nous conſerverons les avantages que nos peres nous ont acquis ; ils avoient leurs émules, nous avons les nôtres ; faisons en sorte de les surpasser comme ils ont fait : s'ils sont plus nombreux & plus appliqués, la gloire en sera plus grande. Les efforts qu'ils font doivent nous rendre plus actifs & nous exciter à redoubler les nôtres. Convenir qu'une partie de l'ouvrage est fait chez nous, que nous tirons de grands secours de notre climat, & néanmoins nous laisser devancer par nos rivaux, ce seroit nous rendre inexcusables.

Considerez les efforts que fait le Dannemarck pour étendre le Commerce & l'Agriculture ; ce sage Gouvernement, en conservant la paix à ses peuples, leur fournit tous les moyens d'en recueillir les fruits. Les encouragements de toute espece leur sont prodigués.

Il semble que le plan soit formé en Russie d'y faire fleurir les Arts & le Commerce à quelque prix que ce soit. La sage Impératrice qui gouverne ce grand Empire veut en quelque sorte forcer le climat ; elle porte ses vûes sur tous les genres d'établissements & d'industrie ; les Grands de son Empire sont choisis pour y présider ; quelques-uns voyagent pour observer ce qui se trouve d'utile dans les autres Pays, qu'on puisse imiter ; ses Envoyés dans les Cours de l'Europe ont ordre de promettre des récompenses & des établiſſements à ceux qui voudront s'y transplanter ; enfin cette Princeſſe ſe répand en libéralités les plus magnifiques pour donner au Prince ſon fils une éducation digne de ſa naiſſance, & pour attirer dans ſes Etats des hommes de mérite.

L'Angleterre, ſi diſtinguée pour s'être la premiere frayé des routes nouvelles dans le Commerce, les Manufactures & l'Agriculture, fera vraiſemblablement d'autres découvertes. De quoi n'eſt pas capable une Nation qui a produit les ouvrages œconomiques de Davenant, le British, Merchant & autres ? L'uſage conſtant qu'elle a fait de ſes principes ſur ces objets, a rendu ſon Commerce le plus étendu & le plus riche de l'Univer (*i*). L'habileté ſupérieure de ſes Négocians eſt généralement reconnue ; leur eſprit exercé à

(i) Les bleds & les laines ont élevé l'Angleterre à ce haut degré de puiſſance qui menace la liberté du Commerce des autres peuples. C'eſt à ces deux riches productions qu'elle doit ſa population & ſa nombreuſe Marine On ſçait combien ſont conſidérables ſes exportations de bleds dans le Midi de l'Europe. Ses lainages ſont pour elle une branche de Commerce encore plus immenſe : la Hollande, l'Allemagne, tout le Nord, la Suiſſe, le Piémont, Naples, la Sicile, l'Eſpagne & le Portugal, les préferent à ceux de toute autre Nation.

réfléchir, approfondit les ſpéculations les plus compliquées, & leur fournit des vues grandes & juſtes; ils forment leurs opérations étendues de Commerce ſur la connoiſſance des productions, des beſoins & du Commerce des autres

---

Il en paſſe beaucoup dans l'Amérique Eſpagnole par la voie de Cadix, indépendamment du Commerce interlope que les Anglois font par la Jamaïque, & de la conſommation de leurs propres Colonies. La préférence que nos draps de Languedoc ont ſur les leurs dans le Levant, eſt compenſée de reſte par les draperies qu'ils introduiſent en France, telles que baracans, flanelles, ſagatis, &c. importation qui égale au moins l'exportation de nos draps dans le Levant. Nous ne vendons guéres aux Nations d'Europe que quelques draps d'Elbœuf, des lainages communs de Languedoc & de Dauphiné, & de petites étoffes du Mans, tandis que leurs draps fins & communs trouvent chez elles le plus grand débit.

Les laines d'Angleterre, par la conſiſtance & le nerf qui en conſtituent la qualité, ſont trés-propres pour la fabrication des petites étoffes, que ſes ouvriers ſçavent varier par le deſſein, & leur donner, par la bonne teinture & le bon apprêt, un éclat preſque égal à celui de la ſoie. L'Allemagne, la Suiſſe & l'Italie ſeules, font de ce genre de lainages une conſommation des plus conſidérables : c'eſt principalement à la qualité de ſes laines, que l'Angleterre eſt redevable des progrés de ſes Fabriques en ce genre ; mais feroit-il impoſſible de changer la nature de nos laines de Normandie & de Bre-

Nations, ainsi que sur une évaluation réfléchie de la concurrence de leurs rivaux ; la combinaison exacte de toutes ces vûes en assure le succès. C'est l'ignorance de ces choses qui rend timide

---

tagne, Provinces qui ont la même temperature que l'Angleterre ? Il est probable qu'on y réussiroit, si on l'imitoit dans la maniere de nourrir le bétail, ou si on en mêloit les races. Sans ces deux précieuses productions, qui forment le Commerce actif des Anglois, ils seroient réduits, comme les Hollandois, à un Commerce d'œconomie d'autant plus borné qu'ils les auroient pour concurrents.

Nos Fabriques d'étoffes de soie peuvent se soutenir sans beaucoup de soins, parce que le climat nous donne les soies qu'il refuse aux Nations du Nord : mais comme il leur est plus favorable qu'à nous pour les laines, il nous importe d'en augmenter le produit en aidant notre sol, si nous aspirons aux mêmes avantages que les Anglois, qui, sans doute, sont peu jaloux de ce que nous les surpassons dans les étoffes de soie, primant sur nous dans les étoffes de laines, dont l'usage, beaucoup plus général que celui des premieres, est pour eux une source intarissable de richesses : car, outre que le bétail fournit la matiere de leurs Fabriques, il engraisse & fertilise leurs terres, & leur procure d'abondantes récoltes de bleds.

Les Fabriques qui se forment chez nous à la faveur des priviléges ou par l'industrie des particuliers, n'ont gueres qu'une utilité locale : hors de la Province, du Canton ou de la ville qui les renferme, l'Etat s'en ressent peu. Les matieres que ces Fabriques mettent en œuvre ne sont ni assez

ſur l'exportation de certaines productions qui feroient la richeſſe de l'Etat. Notre Nation, peu créatrice, paroît ſe contenter du rolle d'imitatrice ; encore n'adopte-t-elle que bien tard les découvertes des autres peuples. Ses préjugés l'aſſerviſſent à d'anciennes routines, & ſa fatale

---

abondantes chez nous, ni leurs produits d'un uſage aſſez univerſel pour pouvoir étendre ces établiſſements dans nos différentes Provinces; de ſorte que, faute de conſommation des denrées, & de circulation, pluſieurs d'entr'elles languiſſent dépeuplées & hors d'état de mettre les terres en valeur. La Nation Angloiſe, ſaiſiſſant toujours les grands objets, a, d'un coup de génie, couvert, pour ainſi dire, le ſol de toutes ſes Provinces de la Fabrique la plus utile & la plus riche en produits ; elle a encouragé la nourriture du bétail, d'où a réſulté la population des campagnes & des villes ; on pourroit même dire, de la mer, par le grand nombre de ſes vaiſſeaux qui couvrent cet élément.

La population & la fertilité des campagnes naiſſent l'une de l'autre : ces deux choſes ſe ſervent mutuellement, non-ſeulement par le grand nombre de bras que la population donne aux travaux de la campagne, (car en vain laboureroit-on avec ſoin une terre ſabloneuſe & ingrate, on ne la rendroit gueres fertile,) mais par la deſtruction des végétaux, toujours conſidérable dans les contrées habitées par un grand peuple ; ce qui fournit des engrais. La campagne d'autour des grandes villes eſt ordinairement fertile, quoique le ſol n'y ſoit pas des meilleurs.

prévention lui persuade que tout chez elle est mieux qu'ailleurs (*k*).

Nous nous applaudissons d'être le peuple de l'Europe le plus sociable ; mais les sociétés ne seroient-elles point le gouffre où vont se perdre nos talents naturels ? De la dissipation naissent l'inapplication & la frivolité. On néglige les grandes choses en donnant trop de tems aux petites. En ne s'occupant & ne s'affectant que des intérêts futiles des sociétés, on perd de vûe ceux de la Patrie. L'amour du plaisir enfante l'intérêt particulier qui ferme le cœur au bien général. Ces assemblées que forment l'oisiveté & l'ennui, bien loin de constituer la Société, la détruisent : ce sont des especes d'attroupe-

---

(*k*) Se complaire en soi-même, c'est poser une barriere entre les connoissances acquises & celles qui restent à acquérir. Comment soupçonner qu'il y a mille choses qu'on ignore, quand on met à si haut prix celles qu'on sçait ? Cette délectation produit une dangereuse confiance dont notre Histoire fournit de déplorables exemples. Nos ennemis, sur l'opinion de notre sécurité, n'ont médité que trop souvent des surprises qui nous ont été funestes. César avoit coutume de dire : » Qu'il faut croire n'avoir rien fait, quand il reste » quelque chose à faire. » Cette maxime est peu connue parmi nous.

ments auſſi contraires aux devoirs d'un bon citoyen, que ceux que les Loix proſcrivent, le ſont à la tranquillité publique. Soyons moins ſociables & plus affectionnés à la Société. Ne prenons pas l'ombre pour le corps, & ne nous glorifions pas de poſſéder les acceſſoires, tandis que nous négligeons le capital. Le Solitaire qui remplit ſes devoirs, eſt plus ſociable que ces amateurs des Cercles. Les vrais amis de la Société ſont les citoyens vertueux : ils en ſont les liens, & c'eſt par eux qu'elle ſubſiſte.

Le goût ſe forme, dit-on, dans les ſociétés : mais eſt-ce toujours le bon goût ? Voit-on que leurs partiſans guident les Auteurs & les Artiſtes dans leurs ouvrages ? Ceux-ci n'y excellent que par une application ſoutenue à étudier la Nature, avec laquelle ils ſe forment bien plus ſûrement le goût, qu'ils ne feroient dans les Cercles. D'ailleurs, nos modes & nos colifichets ſont-ils une branche de Commerce ſur laquelle on puiſſe raiſonnablement compter ? Pourquoi les modes d'une autre Nation ne prévaudroient-elles pas dans la ſuite ? & les nôtres feroient-elles plus eſtimées que les modes Italiennes ou Chinoiſes ? Mettons fin à notre enthouſiaſme pour notre luxe & nos modes, en établiſſant nos espérances sur des fondements plus solides, l'Agriculture & le Commerce général.

Ne pourroit-on pas encore accuser les sociétés d'étrécir le génie ? Si elles forment des hommes polis dans le choc des opinions, n'est-ce point aux dépens de l'énergie & de l'élévation de l'esprit ? Ces opinions sont presque toujours triviales. On n'ose en faire paroître de plus élevées, & qui soient au-dessus de la sphere de la multitude, crainte de blesser son amour-propre. On asservit ainsi ses idées à celles des autres. L'esprit, bien loin de s'exercer, c'est beaucoup s'il s'amuse : il voltige au lieu de planer. Les gestes, les discours sont compassés, apprétés ; tout est contraint : mais cette contrainte perpétuelle est rendue au dehors avec tout l'étalage illusoire du naturel. C'est ce qu'on nomme manieres aisées & naturelles, sans s'appercevoir qu'un art aussi rafiné, est ce qu'il y a de plus opposé à la Nature. L'esprit rappetissé à ce manége, demeure sans force & sans vigueur.

La retraite & l'habitude de penser par soi-même sont seules propres à fortifier l'esprit & à l'élever. La Nature nous montre un chemin court & uni pour arriver au grand, au lieu que la route insidieuse de l'Art étant tortueuse, pleine de fondrieres & de cailloux, épuise nos forces, & nous empêche de l'atteindre (l). La retraite conduit naturellement aux réflexions ; celles-ci, à l'examen & à la réforme du cœur : d'où naissent la vraie politesse, les vertus sociales & l'amour de la Patrie.

Les peuples les plus sages & les plus éclairés de l'Antiquité, ne firent jamais gloire d'être sociables ; ils avoient des idées plus justes que nous du vrai mérite d'une Nation, & du meilleur emploi qu'elle peut faire du tems. L'intérêt seul de la Patrie les rassembloit, ils en discouroient ensemble, & ces entretiens, échauffant leur amour pour elle, étouffoient dans leur cœur tout autre intérêt. Rien n'étoit plus simple que les mœurs des Grecs, rien de plus grand que leurs actions : tout cela découloit du même principe, l'amour du vrai (m).

Aucun

(l) Aucune Nation sur la terre ne met autant d'art dans ses manieres que la Nation Chinoise. Aucune n'est aussi fertile en ruses & en artifices ; mais elle manque de génie & d'élévation. Les Arts d'Europe qu'elle possede depuis plusieurs siecles, sont encore dans l'enfance chez elle. Ce qui distingue singulierement ce peuple, est un caractère de fausseté répandu jusques sur les productions de ses Artistes, où semble avoir présidé une imagination bizarre & grotesque : peuple rampant, & se traînant à peine, enchaîné par la duplicité & le cérémonial le plus fastidieux.

(m) Quels merveilleux ouvrages que ceux des beaux

Aucun peuple ne s'est moins éloigné de la Nature, & n'a porté aussi loin l'amour de la Patrie,

---

jours de la Grece ! tous portent l'empreinte de la belle Nature ; s'il reste sur la terre quelque idée du beau, c'est à ces chefs-d'œuvre qu'on en est redevable. La Nature y sert de guide à l'Art, se l'assujettit, & l'empêche de s'élever contre sa bienfaitrice ; nos Artistes, en formant leur goût sur eux, voient leurs productions couronnées par le succès. Ces monumens expriment mieux que les Historiens la simplicité de mœurs de ces heureux siecles. Les ingénieuses fictions des Poëtes Grecs, dont l'application ne nous est pas assez connue, semblent ne s'être accréditées qu'à la faveur de quelque vérité enveloppée, qui séduisoit.

Les Grecs n'ont été atteints par aucun peuple ; c'étoient des enfans passionnés pour leur mere, la Nature, qu'ils respectoient. Leurs Philosophes fuyoient les sociétés pour vivre avec elle : à moins de l'abandon de tout ce qui flatte les passions & d'un parfait désinteressement, on ne verra point de vrai philosophe. La Nature se dévoile aux hommes par une sorte d'inspiration, elle se cache à l'Art son ennemi, & ne révele ses secrets qu'aux cœurs droits.

La célebre Rome ne connut point la belle Nature tant chérie des Grecs ; si ses Historiens & ses Poëtes les ont imités avec succès, ses Artistes n'ont laissé aucun monument comparable aux chefs-d'œuvre de la Grece. L'ambition des Romains, toute concentrée dans la conquête du Monde, les maitrisoit trop pour leur permettre de lui associer le goût des Arts, & leur laisser le loisir de les cultiver. Elle nourrissoit ce violent amour de la Patrie, qui chez les Grecs avoit une source plus pure.

sentiment que le Créateur a placé dans le cœur des hommes pour le maintien des Sociétés ; il étoit

---

L'Histoire, par le récit de leurs exploits, flattoit davantage cette passion favorite qui s'éteignit presque sous Auguste. Des passions plus douces donnerent alors naissance à leur poësie ; mais il s'éleva peu de Philosophes parmi eux. Les malheurs de la République semblerent tourner l'esprit de Ciceron vers la philosophie ; ils lui firent composer d'excellents ouvrages auxquels eut peut-être beaucoup de part le chagrin qu'il ressentoit de voir César maître de la République ; du moins sa soif pour les applaudissemens & les dignités le donne à penser. Ses déclamations contre Antoine font voir qu'il n'étoit gueres affermi dans les principes d'un Philosophe. Cette profession s'allie mal avec celle d'Orateur.

Les foiblesses de l'Humanité se mêloient souvent aux vertus des sages du Paganisme ; ils étoient avides de louanges, passionnés pour l'indépendance & la liberté. Sur le point de quitter la terre, il leur échappoit des traits qui décéloient toujours quelque passion ; ils étoient flottans, peu affermis dans leurs principes : ainsi la mort de Caton est marquée par le désespoir : il s'emporte contre un de ses esclaves, & laisse voir un cœur aigri des succès de l'oppresseur de sa Patrie. Brutus injurie la vertu, parce qu'elle n'a pas fait triompher son parti ; il ne la fait consister que dans l'amour de la Patrie ; cet amour l'expose aux outrages de la fortune : la vertu l'auroit élevé au-dessus. L'amour du Pays créoit leurs vertus, qui ne se soutenoient que par cet aliment.

noble & pur chez ces humains privilégiés ; des goûts frivoles ou l'amour du plaisir ne lui don-

---

Marc Aurele est celui des Romains qui a le mieux agi & parlé en Philosophe ; il devroit être le modele des Rois. Quoique dans ses réflexions morales il n'expose que la doctrine des Stoïciens, il est beau de l'entendre de la bouche d'un Empereur. Ecoutons-le.

» Ne consume point le tems qui te reste à vivre, à penser » aux autres, quand cela n'est d'aucune utilité pour le Pu» blic : car ces pensées te priveront d'une autre chose qui » t'est plus importante, je veux dire qu'ayant l'esprit oc» cupé de ce que celui-ci ou celui-là fait, de ce qu'il dit, » de ce qu'il pense, ou de ce qu'il veut entreprendre, toutes » ces choses te feront errer hors de toi-même, & t'empê» cheront d'être attentif à conduire & à observer ta propre » raison. Il faut donc éviter toutes les pensées vaines & » inutiles, surtout celles que la curiosité & la malice font » naître. Tu dois aussi t'accoutumer à ne penser aucune » chose, sur quoi, si quelqu'un te demandoit tout d'un coup » ce que tu penses, tu ne pusses répondre avec liberté & » sur le champ : je pensois cela & cela ; afin que par-là tu » fasses connoître que tu n'as rien dans le cœur qui ne soit » pur, simple, bon, & qui ne convienne à un homme qui » est né pour la Société, qui rejette entierement les pensées » de luxe & de volupté, qui méprise les vaines disputes, » l'envie, les soupçons, & enfin tout ce que tu ne pourrois » avouer sans honte. Un homme comme celui-là, qui ne » remet point de jour à autre à se rendre plus parfait, doit » être regardé comme le Prêtre & le Ministre des Dieux,

nerent jamais naissance ; il se signaloit au con-

» servant toujours la Divinité qui est consacrée au-dedans » de lui comme dans un temple. C'est cette Divinité pro- » pice qui le rend indomptable à la volupté, invulnerable à » la douleur, insensible aux injures & aux violences, & » inaccessible aux vices & à tous les desirs déreglés. C'est » elle qui le rend un vaillant athlete dans le plus grand » de tous les combats qu'il faut soutenir, pour ne se laisser » vaincre par aucune de ses passions ; qui lui donne une jus- » tice dont il est entierement pénétré. C'est elle enfin qui » lui fait recevoir avec plaisir tout ce qui lui arrive par les » ordres de la Providence, & qui l'occupe tout entier, ne » lui laisse le tems de penser à ce que les autres pensent, » disent ou font, que dans des nécessités pressantes, & » & lorsqu'il y a de l'intérêt du Public. Car il ne s'occupe » qu'à faire les choses qui sont de lui, & il ne pense qu'à » celles qui lui sont assignées par la Nature universelle. Il » tâche de perfectionner la beauté de celles-là, & il est » convaincu de la bonté de celle-ci : car ce qui est destiné à » chacun, lui est convenable & utile, & tend avec lui à la » même fin. Il se souvient qu'il y a une étroite union & » parenté entre tous les êtres raisonnables, & qu'il est de la » nature de l'homme d'avoir soin de tous les hommes. Il ne » recherche pas l'estime de tout le monde indifferemment, » mais seulement de ceux qui vivent conformément à la Na- » ture ; & pour ceux qui vivent d'une autre maniere, il a » toujours devant les yeux quels ils sont dans leur domesti- » que, en public, le jour, la nuit, & dans quelles compa- » gnies ils sont confondus, & pour ainsi dire embourbés. » Enfin il ne fait aucun cas de plaire à des gens qui ne se » plaisent pas à eux-mêmes. «

traire par un désintereſſement & des vertus qui ont fait l'admiration de tous les ſiecles ; au lieu que l'attachement que nous avons pour notre pays eſt ſans chaleur & ſterile pour la Société, & n'a pour objet que notre individu. Le leur les portoit aux grandes choſes & à des ſacrifices envers la Patrie dont on croiroit à peine des hommes capables : le nôtre, privé d'action, ne fait naître aucune émulation ; ſi quelqueſois nous faiſons des efforts, c'eſt toujours en vue de la fortune qui accroît de prix, par l'excluſion de nos Concitoyens (*m*).

(*m*) Amis de la Vertu & de la Patrie, montrez vous leurs défenſeurs : livrées aux inſultes & à l'ingratitude, elles ſollicitent votre appui ; ayez le courage de les défendre. Que dis-je ? il a déja paru ce courage avec éclat dans les Académies & ſur la ſcène : continuez de les protéger ; elles vous tendent les bras en gémiſſant de la dureté du cœur de vos compatriotes. Eſſuyez leurs larmes & conduiſez-les à ces cœurs inſenſibles. Frappez ; qu'ils s'ouvrent : mais quels êtres fantaſtiques ſe tiennent à l'entrée ! la frivolité & l'amour ſenſuel. Couvrez l'un de ridicule, & l'autre de honte. Renvoyez-les à l'imagination leur demeure aſſignée. Avancez, pénétrés dans ces cœurs. Quoi ! ils ſont honteuſement aſſervis à l'intérêt particulier, cruel & infâme tyran, dont l'ame étroite eſt vuide de ſentiments, & pleine de beſoins imaginaires. Briſez leurs chaînes, & que vos Protégées, repre-

Puisse la simplicité de mœurs de ce peuple célebre renaître parmi une Nation qui a d'ailleurs tant de ressemblance avec lui, & y regner avec plus de pureté ! Puisse la Nature rentrer dans ses droits, & ranimer dans tous les cœurs, avec l'amour de la Patrie, toutes les autres vertus ! la vertu plus remplie d'attraits que le commun des hommes ne s'imagine, est accompagnée de la tranquillité d'esprit & des plaisirs purs qui se renouvellent sans cesse. C'est à tort qu'on se préviendroit contre elle ; celle qu'on croit farouche n'en est que le phantôme. L'éloignement des objets de dissipation & la réflexion la font connoître telle qu'elle est ; elle s'insinue peu à peu dans l'ame ; ses charmes croissent en raison de la réforme (n). Alors toutes les actions coulent de

---

nant leur visage serein & riant, l'en fassent promptement déloger ; qu'elles s'y établissent à sa place pour y ramener le calme & les plaisirs attachés à la vertu.

(n) La vertu, le germe de toutes les affections louables, est un sentiment si pur, si aimable, qu'il suffit de le ranimer dans le cœur des hommes, pour le leur rendre précieux ; une fois que ce sentiment y domine, il en ferme l'entrée aux passions. Rien ne s'oppose après à l'impulsion des mouvements d'un cœur qui ne respire que l'ordre & le bien de l'Humanité. Tout lui est facile, parce qu'il se porte tout

cette source ; elle produit le Courtisan véridique & attaché à son Prince ; le Magistrat integre ; le Guerrier courageux & uniquement occupé des devoirs de sa profession ; le Financier désintéressé ; le Négociant droit, éclairé, qui ne sépare point son intérêt de celui de la Patrie ; l'Homme de lettres qui consacre ses talents à faire aimer la vertu ; les Gens de loi qui n'employent leur éloquence que pour les intérêts de la vérité ; & enfin, dans tous les Ordres, l'attachement à sa profession & à ses devoirs, avec le sacrifice complet de tout ce qui nourrit les passions.

---

entier vers un seul objet qui est le bien. Il n'est plus tyrannisé par des passions qui, opposées les unes aux autres, se contrarient, tourmentent & asservissent le jugement qui cesse d'influer sur les actions. La vertu réunit toutes les affections de l'ame, elle se les soumet ; au lieu que dans le cœur du vicieux il ne regne aucune subordination : les passions le maitrisent tour à tour, & souvent le déchirent en se disputant la domination.

FIN.

www.ingramcontent.com/pod-product-compliance
Ingram Content Group UK Ltd.
Pitfield, Milton Keynes, MK11 3LW, UK
UKHW022123170726
13837UKWH00003B/1331